Apoio Escolar

Aprenda a escrever

Dados Internacionais de Catalogação na Publicação (CIP) de acordo com ISBD

P364a   Pecand, Kátia

Apoio Escolar - Aprenda a escrever: Ovelha Rosa na Escola / Kátia Pecand ; ilustrado por Lie Nobusa. - Jandira : Ciranda Cultural, 2021.
96 p. : il. ; 20,1cm x 26,8cm.

ISBN: 978-65-5500-753-4

1. Educação infantil. 2. Alfabetização. 3. Aprendizado. 4. Coordenação motora. 5. Alfabeto. 6. Escrita. 7. Língua Portuguesa. I. Nobusa, Lie. II. Título.

2021-1507   CDD 372.2
                                                     CDU 372.4

Elaborado por Vagner Rodolfo da Silva - CRB-8/9410

Índice para catálogo sistemático:
1. Educação infantil: Livro didático 372.2
2. Educação infantil: Livro didático 372.4

Este livro foi impresso em fontes VAG Rounded, Roboto,
Irineu Brasil e Imprensa Pontilhada.

© 2021 Ciranda Cultural Editora e Distribuidora Ltda.
Texto: @ Kátia Pecand
Ilustrações: @ Lie Nobusa
Capa e diagramação: Imaginare Studio
Revisão: Ana Paula de Deus Uchoa, Paloma Blanca A. Barbieri e Adriana Junqueira Arantes
Produção: Ciranda Cultural

1ª Edição em 2021
6ª Impressão em 2024
www.cirandacultural.com.br
Todos os direitos reservados. Nenhuma parte desta publicação pode ser reproduzida, arquivada em sistema de busca ou transmitida por qualquer meio, seja ele eletrônico, fotocópia, gravação ou outros, sem prévia autorização do detentor dos direitos, e não pode circular encadernada ou encapada de maneira distinta daquela em que foi publicada, ou sem que as mesmas condições sejam impostas aos compradores subsequentes.

Apoio Escolar

Aprenda a escrever

OLÁ! SEJA BEM-VINDO AO APOIO ESCOLAR OVELHA ROSA NA ESCOLA - APRENDA A ESCREVER!

NESTE LIVRO, A CRIANÇA APRENDERÁ A ESCREVER DE FORMA FÁCIL E DIVERTIDA COM A OVELHA ROSA E SEUS AMIGOS.

O QR CODE QUE VOCÊ ENCONTRA ABAIXO DIRECIONARÁ A UM VÍDEO EXPLICATIVO, COM ORIENTAÇÕES SOBRE O CONTEÚDO DESTE LIVRO, PARA QUE SEU APRENDIZADO SEJA MUITO MAIS PRAZEROSO E DIVERTIDO.

VAMOS LÁ? BONS ESTUDOS!

OLÁ! MUITO PRAZER! EU ME CHAMO ROSA. MORO NA FAZENDA SANTA ROSA E TENHO UMA OVELHA COR-DE-ROSA.

AGORA, DONA ROSA QUER CONHECER VOCÊ. ESCREVA SEU PRIMEIRO NOME NO QUADRO ABAIXO.

QUANTAS LETRAS TEM SEU NOME? PINTE UM ☐ PARA CADA LETRA.

NO QUADRO AO LADO, FAÇA UM DESENHO DE SI MESMO PARA QUE A DONA ROSA E SUA OVELHA CONHEÇAM VOCÊ.

AS LETRAS

VOCÊ SABIA QUE, PARA ESCREVERMOS AS PALAVRAS, NÓS USAMOS AS **LETRAS**?

CIRCULE NO QUADRO ABAIXO APENAS AS **LETRAS** QUE VOCÊ ENCONTRAR.

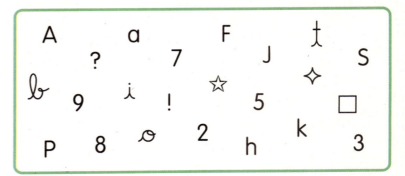

AGORA, COPIE AS LETRAS QUE VOCÊ ENCONTROU.

AS LETRAS PODEM SE APRESENTAR DE QUATRO FORMAS:

| MAIÚSCULAS E MINÚSCULAS | forma (ou bastão) e cursiva |

VEJA AS FORMAS COM QUE PODEMOS ESCREVER UMA MESMA PALAVRA:

OVELHA *Ovelha*

ovelha *ovelha*

O ALFABETO

AS LETRAS ABAIXO FORMAM O **ALFABETO**. VAMOS CONHECÊ-LO?

A a  *A a*	B b  *B b*	C c  *C c*	D d  *D d*	E e  *E e*	F f  *F f*	G g  *G g*
H h  *H h*	I i  *I i*	J j  *J j*	K k  *K k*	L l  *L l*	M m  *M m*	N n  *N n*
O o  *O o*	P p  *P p*	Q q  *Q q*	R r  *R r*	S s  *S s*	T t  *T t*	U u  *U u*
	V v  *V v*	W w  *W w*	X x  *X x*	Y y  *Y y*	Z z  *Z z*	

UM CAMINHÃO CHEIO DE FENO ESTÁ CHEGANDO À FAZENDA SANTA ROSA. O FENO ESTÁ ORGANIZADO EM ORDEM ALFABÉTICA, MAS O MOTORISTA SE ESQUECEU DE COLOCAR ALGUMAS LETRAS. LEIA O QUADRO DO ALFABETO E, EM SEGUIDA, COMPLETE AS LETRAS.

ALFABETO

A	B	C	D	E	F	G	H	I
J	K	L	M	N	O	P	Q	R
S	T	U	V	W	X	Y	Z	

NO JARDIM DA FAZENDA, AS FLORES SÃO COLORIDAS E CHEIROSAS! OBSERVE AS LETRAS DO ALFABETO NAS FLORES ABAIXO E PINTE SOMENTE AS FLORES QUE TÊM AS LETRAS DO SEU NOME.

ESCREVA SEU NOME.

O AJUDANTE DA DONA ROSA COLHEU MUITAS MAÇÃS DO POMAR. ESCREVA, DENTRO DE CADA MAÇÃ, A LETRA INDICADA E, DEPOIS, LEIA O ALFABETO COMPLETO.

MUITOS OBJETOS SÃO USADOS NA FAZENDA. VEJA ALGUNS DELES E LIGUE A ESCRITA MAIÚSCULA À ESCRITA MINÚSCULA.

VAMOS LER O ALFABETO MAIÚSCULO E CONTORNAR AS LETRAS!

MUITOS ANIMAIS VIVEM NA FAZENDA. TEM ANIMAL GRANDE, PEQUENO, COM PELOS, PENAS... TEM BICHO DE TODO JEITO! OBSERVE O NOME DOS ANIMAIS E CIRCULE AS LETRAS CORRESPONDENTES. EM SEGUIDA, COPIE A PALAVRA.

A OVELHA ROSA ESTÁ AJUDANDO A DONA ROSA A FAZER UMA LISTA DE COMPRAS. VEJA OS PRODUTOS QUE ELAS ANOTARAM:

ARROZ
ÓLEO
FEIJÃO
BOLACHA
MACARRÃO
SABONETE

AGORA, ESCREVA CADA ITEM NOS QUADROS ABAIXO DE ACORDO COM A LETRA INICIAL.

A	S	O

F	M	B

- CIRCULE DE AMARELO A PALAVRA ACIMA QUE POSSUI A MAIOR QUANTIDADE DE LETRAS.
- QUAL POSSUI MENOS LETRAS? ESCREVA ABAIXO.

13

O QUE COMEÇA COM O MESMO SOM?

LEIA AS PALAVRAS QUE A OVELHA ROSA E A DONA ROSA ESTÃO FALANDO:

VACA E **VA**SSOURA SÃO PALAVRAS QUE INICIAM COM O MESMO SOM.

FALE TRÊS VEZES O NOME DA FIGURA EM DESTAQUE E PINTE OS DESENHOS QUE INICIAM COM O MESMO SOM.

 **CA**VALO		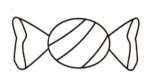	
 **RO**DO			
 **GA**LINHA		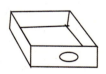	

SOM INICIAL

DONA ROSA ESTÁ ORGANIZANDO ALGUNS ANIMAIS EM DUPLAS DE ACORDO COM O SOM INICIAL DO NOME DELES. MAS ELA FORMOU DUAS DUPLAS CUJO SOM INICIAL NÃO É O MESMO. PINTE APENAS AS DUPLAS CUJOS NOMES INICIAM COM O MESMO SOM.

CAVALO **CA**BRITO   **SA**PO **POR**CO

GATO **GA**LINHA   **CO**ELHO **CO**RUJA

TUCANO **LE**ÃO   **TA**TU **TA**MANDUÁ

AGORA, FORME OUTRA DUPLA QUE TENHA O MESMO SOM INICIAL DE **COELHO**.

COELHO   **CO**_____

O QUE RIMA COM...

OS ANIMAIS DA FAZENDA ESTÃO BRINCANDO DE RIMAR. VOCÊ SABE RIMAR? SABE DESCOBRIR QUAIS AS PALAVRAS TERMINAM COM O MESMO SOM? PINTE OS DESENHOS QUE RIMAM COM A FIGURA EM DESTAQUE.

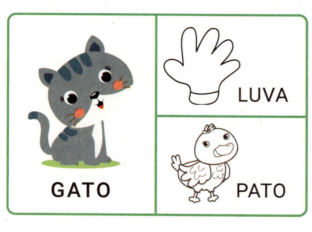

GATO — LUVA / PATO

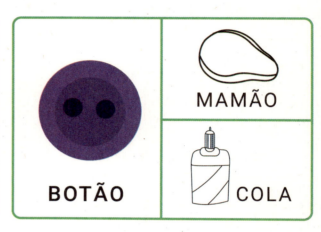

BOTÃO — MAMÃO / COLA

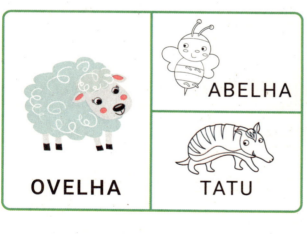

OVELHA — ABELHA / TATU

JANELA — SAPO / PANELA

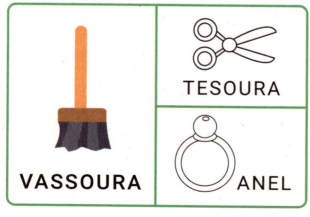

VASSOURA — TESOURA / ANEL

A BRINCADEIRA DE RIMAR CONTINUA NA FAZENDA SANTA ROSA. AGORA, O PORQUINHO QUER SUA AJUDA PARA LIGAR AS FIGURAS QUE RIMAM.

PIÃO •

• MOLA

BOLA •

• AVIÃO

CADEIRA •

• PENTE

DENTE •

• TORNEIRA

O SOM DAS PALAVRAS

ESCREVA O NÚMERO DE LETRAS DE CADA PALAVRA E PINTE UM ☐ PARA CADA VEZ QUE ABRIMOS A BOCA PARA FALAR A PALAVRA INDICADA.

EXEMPLO:

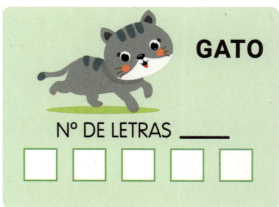

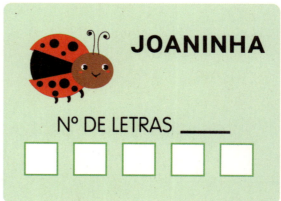

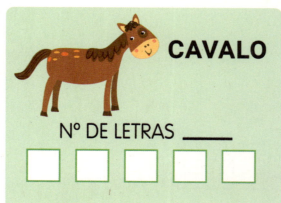

AS VOGAIS

OBSERVE O ALFABETO QUE A OVELHA ROSA E O CABRITO JOSÉ ESTÃO MOSTRANDO:

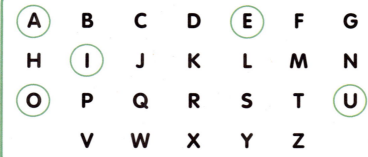

PINTE DE AMARELO AS LETRAS QUE FORAM CIRCULADAS E COPIE-AS ABAIXO.

ESSAS LETRAS QUE VOCÊ ACABOU DE ESCREVER SÃO CHAMADAS DE **VOGAIS**!

VAMOS CONHECER AS VOGAIS NA SUAS QUATRO FORMAS COM A DONA ROSA.

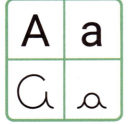 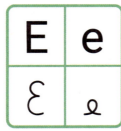 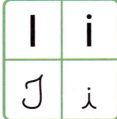

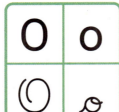 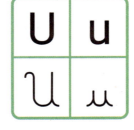 

19

VOGAL A-a *A-a*

ABELHA
abelha

A	a
A	*a*

CIRCLE A VOGAL **A** NAS DIFERENTES FORMAS:

E   B   *A*
  l   *t*
r   *a*   r   s
A   J   *a*

FAÇA UM DESENHO CUJO NOME INICIE COM A VOGAL **A**:

VAMOS COBRIR AS QUATRO FORMAS DA VOGAL **A** E PINTAR APENAS OS DESENHOS INICIADOS COM O SOM DESSA LETRA.

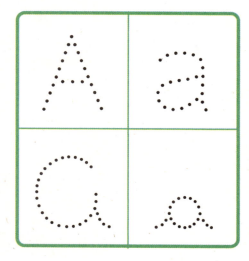

O AJUDANTE DA DONA ROSA FEZ PLAQUINHAS COM OS NOMES DAS FRUTAS PARA COLOCAR NO POMAR, MAS ELE SE ESQUECEU DE COLOCAR A VOGAL **A**. VAMOS COMPLETÁ-LAS?

M__Ç__~ UV__ __B__C__XI

PER__ __B_C__TE B__N__N__

FALE EM VOZ ALTA O NOME DOS ANIMAIS ABAIXO, PERCEBA O SOM DA ÚLTIMA LETRA E COMPLETE A PALAVRA.

OVELH__   BORBOLET__   VAC__

FORMIG__   MINHOC__   COBR__

VOGAL **E-e** **Ɛ-ℓ**

ELEFANTE
elefante

E	e
Ɛ	ℓ

A DONA ROSA ADORARIA TER UM ELEFANTE NA FAZENDA, MAS ELEFANTE NÃO PODE SER CRIADO EM FAZENDAS. PINTE O ANIMAL CUJO NOME TAMBÉM COMEÇA COM O SOM DA VOGAL **E**.

CONTORNE AS QUATRO FORMAS DA VOGAL **E** E CIRCULE O ÚNICO ANIMAL CUJO NOME COMEÇA COM O SOM DESSA LETRA.

A OVELHA ROSA ESTÁ AJUDANDO A DONA ROSA A ORGANIZAR ALGUNS OBJETOS DA FAZENDA. ELA GUARDARÁ NA CAIXA APENAS OBJETOS INICIADOS COM O SOM DA VOGAL **E**. ENCONTRE-OS E PINTE COM CAPRICHO.

CABRITO JOSÉ ESTÁ BRINCANDO DE JOGO DA FORCA! AJUDE-O A DESCOBRIR AS **VOGAIS** QUE ESTÃO FALTANDO PARA COMPLETAR AS PALAVRAS.

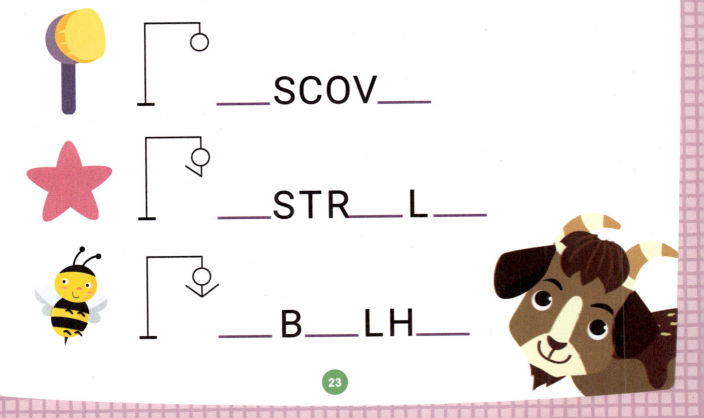

__SCOV__

__STR__L__

__B__LH__

VOGAL

IGUANA

iguana

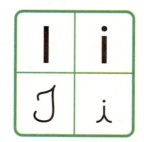

PINTE DE VERDE A VOGAL I QUE VOCÊ ENCONTRAR NAS DIFERENTES FORMAS DAS PALAVRAS ABAIXO E, DEPOIS, COPIE-A.

CONTORNE AS QUATRO FORMAS DA VOGAL I E DESENHE DUAS FIGURAS CUJO NOME COMEÇA COM O SOM DESSA LETRA.

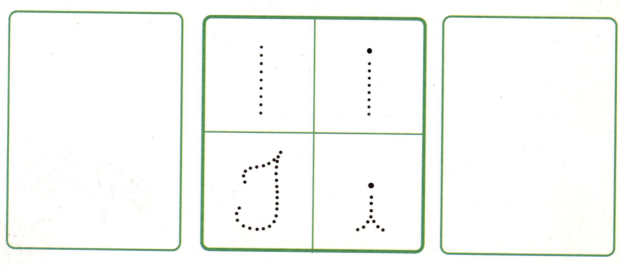

24

OBSERVE AS FIGURAS ABAIXO, FALE O NOME DELAS EM VOZ ALTA E COMPLETE AS PALAVRAS COM AS **VOGAIS** QUE ESTÃO FALTANDO.

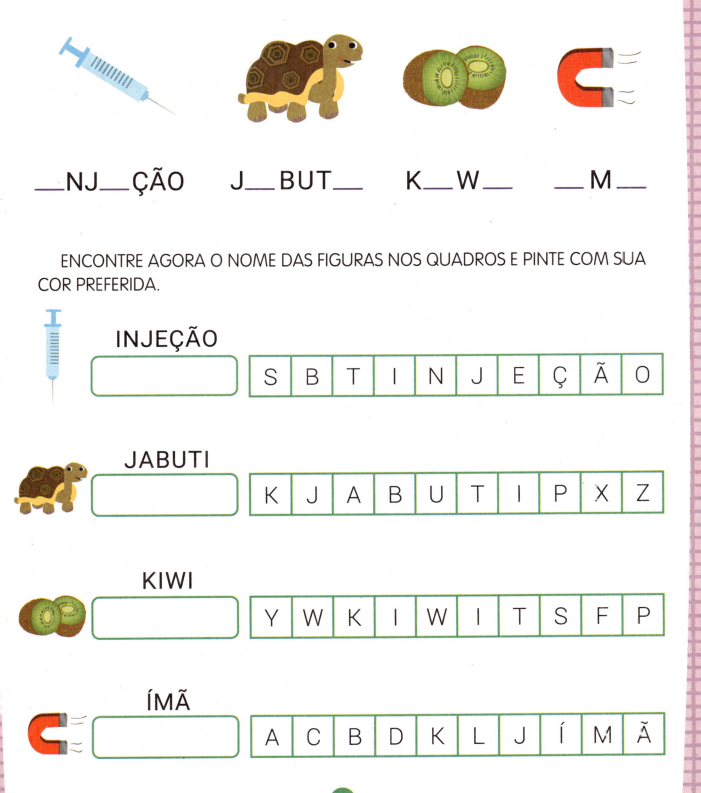

ENCONTRE AGORA O NOME DAS FIGURAS NOS QUADROS E PINTE COM SUA COR PREFERIDA.

VOGAL O - o O - o

OVELHA
ovelha

O	o
O	o

COMPLETE, COM A VOGAL O, O NOME DE OUTROS ANIMAIS DA FAZENDA E REESCREEVA CADA PALAVRA ABAIXO.

PAT__   C__ELH__   B__I   SAP__

CONTORNE AS QUATRO FORMAS DA VOGAL O E PINTE OS ANIMAIS CUJO NOME COMEÇA COM O SOM DESSA LETRA.

26

ENCONTRE A PALAVRA **OVELHA** E CIRCULE-A.

AGORA, COPIE AS OUTRAS PALAVRAS INICIADAS PELA VOGAL **O** QUE ESTÃO NO CORPO DA OVELHA ROSA.

ESCREVA A ÚNICA PALAVRA QUE APARECE ACIMA QUE NÃO TERMINA COM UMA VOGAL. DEPOIS, DESENHE AO LADO.

PALAVRA

VOGAL **U-u** *U-u*

U R U B U

u r u b u

PINTE OS DESENHOS CUJO NOME COMEÇA COM O SOM DA VOGAL **U**.

CONTORNE AS QUATRO FORMAS DA VOGAL **U** E COMPLETE AS PALAVRAS COM ESSA LETRA.

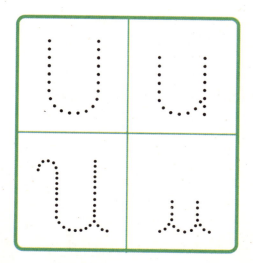

TAT__

BA´__

PER__

CHAPÉ__

28

DONA ROSA QUER PROVAR O CAJU DO POMAR. AJUDE-A A CHEGAR ATÉ LÁ COMPLETANDO O NOME DAS FIGURAS COM AS **VOGAIS** QUE ESTÃO FALTANDO.

LEIA A FRASE ABAIXO EM VOZ ALTA, COLOCANDO O DEDO EM CADA • PARA ACOMPANHAR A LEITURA.

O   TATU   É   AMIGO   DO   URUBU.
•   •   •   •   •   •

COPIE AS PALAVRAS DA FRASE ACIMA QUE POSSUEM A VOGAL **U**.

OBSERVE AS FIGURAS ABAIXO, LEIA EM VOZ ALTA O NOME DE CADA UMA E ESCREVA A VOGAL INICIAL E FINAL DE CADA PALAVRA.

A - E - I - O - U

 ◯BACAX◯    ◯SCAD◯

 ◯V◯    ◯GL◯

 ◯RAR◯    ◯STREL◯

LIGUE AS VOGAIS CORRESPONDENTES.

A a •   • Ee
E e •   • Ii
I i •   • Aa
O o •   • Uu
U u •   • Oo

JUNTANDO AS VOGAIS

VOCÊ SABIA QUE SE JUNTARMOS AS VOGAIS FORMAREMOS UM ENCONTRO VOCÁLICO?

LEIA OS ENCONTROS VOCÁLICOS ACIMA E COPIE-OS NOS QUADROS ABAIXO.

PARA FORMAR ALGUNS ENCONTROS VOCÁLICOS, COLOQUE A LETRA INICIAL DE CADA DESENHO E LEIA A PALAVRA QUE FORMARÁ.

A TURMA DA FAZENDA SANTA ROSA TEM UM DESAFIO PARA VOCÊ! ESCOLHA UM LÁPIS DE COR DA SUA PREFERÊNCIA E CIRCULE OS ENCONTROS VOCÁLICOS DAS PALAVRAS, CONFORME EXEMPLO.

EXEMPLO:

B(O I)

melancia

COELHO

peixe

BAÚ

queijo

LIGUE AS FIGURAS AOS ENCONTROS VOCÁLICOS CORRESPONDENTES E, DEPOIS, REESCREVA-OS ABAIXO.

EU

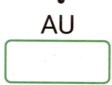
AU

OI

AI

TIL Ã ÃE ÃO

VOCÊ SABIA QUE ESTE SINAL ~ SE CHAMA **TIL**? USAMOS O TIL SOBRE AS VOGAIS **A** E **O** PARA INDICAR O SOM NASAL.

PINTE SOMENTE OS DESENHOS TERMINADOS EM:

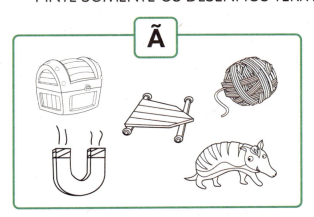

COMPLETE O NOME DAS FIGURAS COM **ÃO**, LEIA AS PALAVRAS E, EM SEGUIDA, REESCREVA-AS.

FOG____   LE____   PI____   AVI____

BAL____   LIM____   CORAÇ____   SAB____

CONSOANTES

VEJA O ALFABETO QUE O PORQUINHO E A VAQUINHA ESTÃO MOSTRANDO:

A	B	C	D	E	F	G
H	I	J	K	L	M	N
O	P	Q	R	S	T	U
V	W	X	Y	Z		

NO QUADRO ACIMA, CIRCULE DE VERMELHO APENAS AS VOGAIS.

TODAS AS OUTRAS LETRAS QUE VOCÊ NÃO CIRCULOU SÃO CHAMADAS DE **CONSOANTES** E TAMBÉM PRODUZEM UM SOM.

PINTE DE AMARELO AS CONSOANTES DAS PALAVRAS ABAIXO E COPIE-AS NOS ☐.

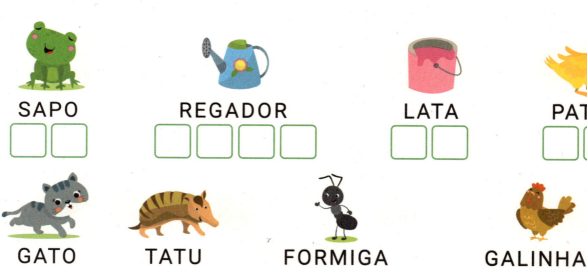

34

DESCOBRINDO A LEITURA E A ESCRITA

AGORA QUE VOCÊ CONHECEU AS VOGAIS E AS CONSOANTES **(GRAFEMAS)** E SABE QUE AS LETRAS PRODUZEM UM SOM **(FONEMAS)**, VAMOS DESCOBRIR O QUE ACONTECE QUANDO UMA CONSOANTE SE ENCONTRA COM UMA VOGAL?

OBSERVE AS LETRAS QUE OS ANIMAIS ESTÃO MOSTRANDO:

A CONSOANTE **S** COM A VOGAL **A** PRODUZ UM SOM: O SOM DA SÍLABA **SA**. A CONSOANTE **P** COM A VOGAL **O** PRODUZ UM NOVO SOM: O SOM DA SÍLABA **PO**. FORMA-SE, ENTÃO, A PALAVRA **SAPO**.

CADA VEZ QUE ABRIMOS A BOCA PARA FALAR UMA PALAVRA, PRODUZIMOS UM SOM QUE CHAMAMOS DE **SÍLABA**. JUNTANDO SÍLABAS, FORMAMOS PALAVRAS, FRASES, TEXTOS E VAMOS DESCOBRINDO O MUNDO ENCANTADO DA LEITURA E DA ESCRITA!

CONSOANTE

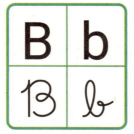

B<u>O</u>LO
<u>b</u>olo

A PALAVRA **BOLO** COMEÇA COM A SÍLABA **BO**. PINTE OS DESENHOS CUJO NOME TAMBÉM COMEÇA COM ESSE SOM.

| BO | LATA | BOCA | BONECA | BONÉ | LUA |

LEIA EM VOZ ALTA AS SÍLABAS DA CONSOANTE **B** E REESCREVA-AS ABAIXO.

| BA | BE | BI | BO | BU | BÃO |

A OVELHA ROSA QUER SUA AJUDA PARA ESCREVER A PRIMEIRA SÍLABA DE CADA FIGURA.

A DONA ROSA TEM UM GRANDE BAÚ NA FAZENDA. OBSERVE O BAÚ E CIRCULE A CONSOANTE **B** NAS SUAS DIFERENTES FORMAS. EM SEGUIDA, PRATIQUE A ESCRITA DESSA CONSOANTE.

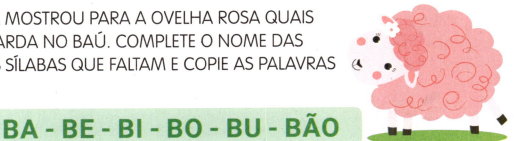

A DONA ROSA MOSTROU PARA A OVELHA ROSA QUAIS OBJETOS ELA GUARDA NO BAÚ. COMPLETE O NOME DAS FIGURAS COM AS SÍLABAS QUE FALTAM E COPIE AS PALAVRAS EM SEGUIDA.

BA - BE - BI - BO - BU - BÃO

___NECA ___TA ___TOM ___ZINA

___IA ___NÉ ___NÓCULO ___LA

OBSERVE AS FIGURAS E ESCREVA O NOME DE CADA UMA NO QUADRO DE ACORDO COM A SÍLABA INICIAL.

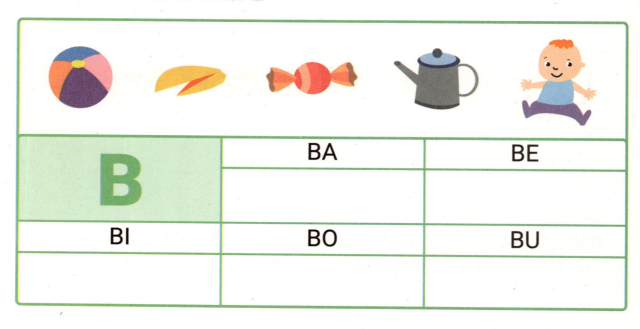

MOSTRE QUE VOCÊ ESTÁ CRAQUE NA ESCRITA DAS PALAVRAS DA CONSOANTE **B**. COMPLETE O NOME DAS FIGURAS E COPIE AS PALAVRAS.

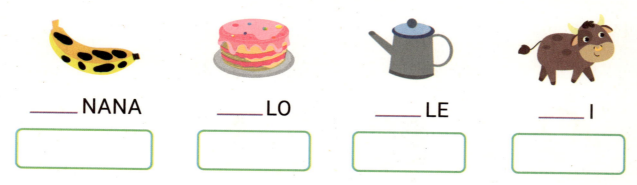

____NANA   ____LO   ____LE   ____I

LEIA E LIGUE AS PALAVRAS MAIÚSCULAS À SUA ESCRITA MINÚSCULA.

BOI •   • boi

BAÚ •   • bebê

BEBÊ •   • baú

CONSOANTE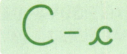

C	c
C	c

CABRITO
cabrito

PINTE OS DESENHOS CUJA SÍLABA INICIAL COMEÇA COM O MESMO SOM DA FIGURA EM DESTAQUE. **DICA:** FALE O NOME DAS FIGURAS EM VOZ ALTA.

  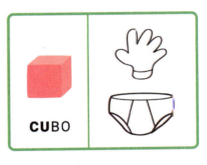

CASA   COELHO   CUBO

  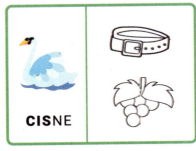

CENOURA   CADEADO   CISNE

LEIA AS SÍLABAS DA CONSOANTE **C** EM VOZ ALTA E COPIE-AS ABAIXO.

| CA | CO | CU | CÃO | | CE | CI |

39

OBSERVE AS SÍLABAS QUE ESTÃO ESCRITAS NOS REGADORES E SIGA OS NÚMEROS PARA DESCOBRIR AS PALAVRAS.

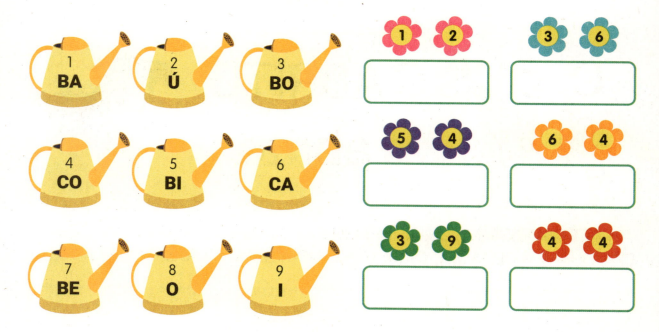

O CABRITO DA FAZENDA É MUITO SAPECA. ELE PEGOU A BORRACHA DA DONA ROSA E APAGOU ALGUMAS SÍLABAS DAS PALAVRAS ABAIXO. VAMOS COMPLETÁ-LAS?

CA - CO - CU - CÃO - CE - CI

O CAVALO QUER QUE VOCÊ LEIA DUAS VEZES AS PALAVRAS DO QUADRO E PINTE UM ◯ PARA CADA SÍLABA. VAMOS LÁ?

O CABRITO JOSÉ QUER SUA AJUDA PARA ENCONTRAR E PINTAR AS CENOURAS COM A PALAVRA **BOCA** NAS DIFERENTES FORMAS.

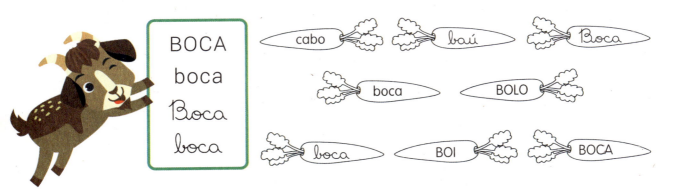

VAMOS PRATICAR A ESCRITA DA CONSOANTE **C** NAS SUAS QUATRO FORMAS?

C - c - C - c

C - C - C - c

CONSOANTE

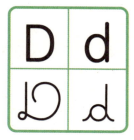

D A D O
d a d o

A DONA ROSA JOGOU O DADO DAS LETRAS.
JUNTE-AS PARA FORMAR AS SÍLABAS DA CONSOANTE **D**.

AGORA, COMPLETE O NOME DAS FIGURAS COM AS SÍLABAS QUE ESTÃO FALTANDO E, DEPOIS, COPIE AS PALAVRAS.

DA - DE - DI - DO - DU - DÃO

____MINÓ   BO____   COCA____   CABI____

A DONA ROSA É UMA ÓTIMA DOCEIRA! PINTE COM A MESMA COR OS DOCES QUE ELA PREPAROU E QUE POSSUEM SÍLABAS IGUAIS.

QUEM COMERÁ O DOCE, O BODE OU O BOI? A DONA ROSA DISSE QUE COMERÁ O DOCE QUE ELA PREPAROU QUEM COMPLETAR A CRUZADINHA PRIMEIRO.

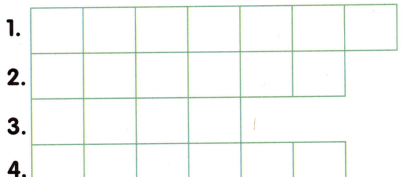

ADIVINHE QUEM ACERTOU: O VENCEDOR POSSUI A SÍLABA DA CONSOANTE **D** EM SEU NOME. FOI O...

43

VEJA A LISTA DE PALAVRAS QUE FORAM ESCRITAS PELA DONA ROSA E COPIE-AS DE ACORDO COM A SÍLABA INICIAL.

DADO
DEDO
DIA
DOCE
DUENDE

DA

DE

DI

DO

DU

O CABRITO JOSÉ PEDIU A AJUDA DA OVELHA ROSA PARA PINTAR O NOME CORRETO DAS FIGURAS ABAIXO.

BOLO
BODE

CABIDE
CABELO

DOCE
DEDO

PRATIQUE:

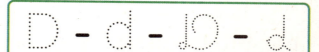

44

CONSOANTE F-f ℱ-f

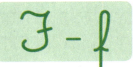

F	f
ℱ	f

Fogão
fogão

PARA COZINHAR EM SEU **FOGÃO**, A DONA ROSA PRECISARÁ PEGAR O **FÓSFORO** PARA ACENDER O **FOGO**. COMPLETE AS PALAVRAS COM AS SÍLABAS QUE ESTÃO FALTANDO E COPIE-AS.

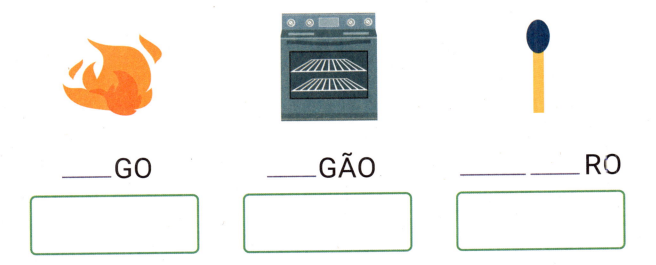

___GO   ___GÃO   ___ ___RO

VAMOS LER E ESCREVER AS SÍLABAS DA CONSOANTE **F**?

FA	FE	FI	FO	FU	FÃO

FALE EM VOZ ALTA O NOME NAS IMAGENS ABAIXO, PRESTANDO ATENÇÃO NA PRIMEIRA SÍLABA DE CADA PALAVRA E ESCREVA-AS NOS ☐. NÃO SE ESQUEÇA DE PINTAR OS DESENHOS.

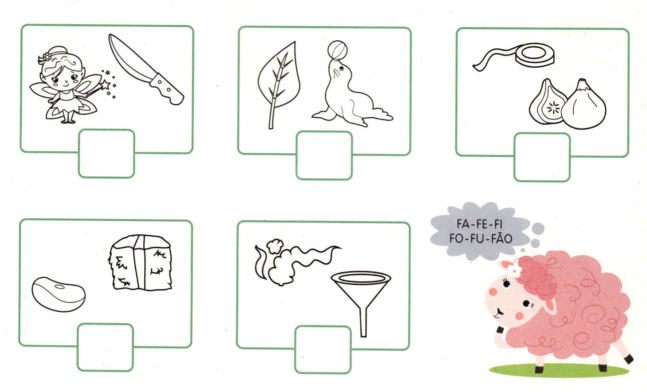

LEIA AS SÍLABAS NOS FENOS DA FAZENDA E SIGA OS NÚMEROS PARA DESCOBRIR AS PALAVRAS.

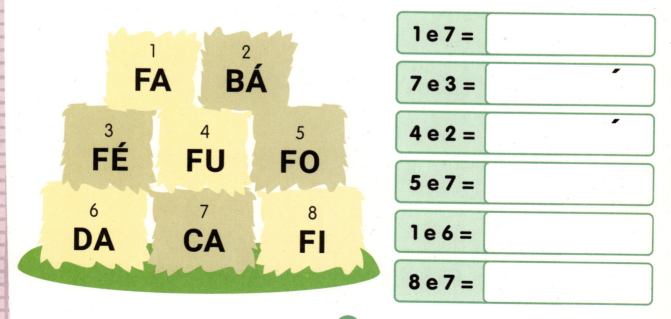

46

O JARDIM DA FAZENDA É REPLETO FORMIGAS. LEIA AS PALAVRAS QUE AS FORMIGAS ESTÃO LEVANDO E LIGUE-AS À ESCRITA CURSIVA NO FORMIGUEIRO.

QUE PALAVRA RIMA COM FORMIGA? PINTE O DESENHO COM A RESPOSTA CORRETA.

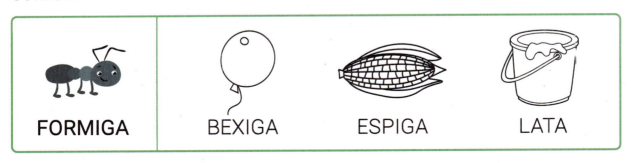

PRATIQUE:

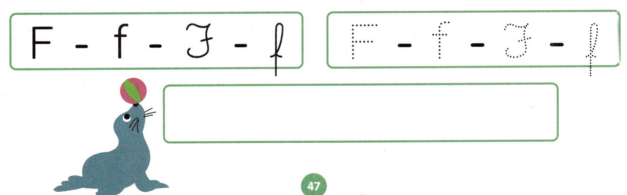

CONSOANTE G-g *G-g*

_GALINHA
_galinha

VAMOS LER?

A GALINHA, QUE É MUITO GENTIL E GENEROSA, AO VER A OVELHA ROSA, TAMBÉM SE PINTOU DE ROSA.

CIRCULE NO TEXTO AS PALAVRAS INICIADAS COM A CONSOANTE **G** E COPIE-AS ABAIXO:

PINTE AS FIGURAS QUE POSSUEM O SOM DAS SÍLABAS DA CONSOANTE **G**.

GA - GO - GU - GÃO   GE - GI

VAMOS LER E PRATICAR AS SÍLABAS DA CONSOANTE **G**?

| GA | GO | GU | GÃO | | GE | GI |

A DONA ROSA TEM UM GATO DE ESTIMAÇÃO. VEJA A ESCRITA DA PALAVRA **GATO** E RESPONDA:

GATO

QUANTAS LETRAS TEM ESSA PALAVRA?

QUAIS SÃO AS VOGAIS?

QUAIS SÃO AS CONSOANTES?

QUANTAS SÍLABAS HÁ NELA?

A GALINHA É MUITO AMIGA DA OVELHA ROSA. VEJA A ESCRITA DA PALAVRA **GALINHA** E RESPONDA:

GALINHA

QUANTAS LETRAS TEM ESSA PALAVRA?

QUAIS SÃO AS VOGAIS?

QUAIS SÃO AS CONSOANTES?

QUANTAS SÍLABAS HÁ NELA?

COMPLETE AS PALAVRAS COM AS SÍLABAS QUE ESTÃO FALTANDO E COPIE-AS EM SEGUIDA.

GA - GO - GU - GÃO   GE - GI

FO _____

FO _____

_____ TO

_____ RASSOL

_____ LATINA

_____ TA

_____ RAFA

_____ MA

ESCREVA A ÚNICA PALAVRA ACIMA QUE POSSUI **QUATRO** SÍLABAS.

ESCREVA A LETRA INICIAL DE CADA FIGURA E DESCUBRA A PALAVRA QUE APARECERÁ.

PRATIQUE:

G - g - G - g

G - g - G - g

CONSOANTE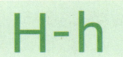

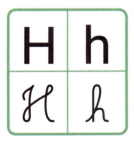

HORTA
horta

A CONSOANTE **H** NÃO TEM SOM. QUANDO O **H** APARECE NO INÍCIO DA PALAVRA, SEMPRE FALAREMOS O SOM DA VOGAL QUE ESTÁ AO LADO DELE.

PARA VOCÊ DESCOBRIR O QUE A DONA ROSA ESTÁ PLANTANDO NA HORTA DA FAZENDA, ESCREVA A LETRA INICIAL DE CADA FIGURA.

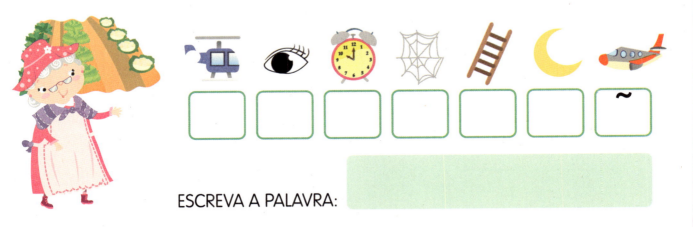

ESCREVA A PALAVRA:

ENCONTRE NO QUADRO A CONSOANTE **H** NAS SUAS DIFERENTES FORMAS E CIRCULE.

VAMOS LER O NOME DAS FIGURAS QUE A OVELHA ROSA ESTÁ MOSTRANDO E ESCREVÊ-LAS NO QUADRO DE ACORDO COM O NÚMERO DE SÍLABAS.

HOSPITAL • HELICÓPTERO • HOMEM • HIPOPÓTAMO • HÉLICE • HORTA

2 SÍLABAS	3 SÍLABAS	5 SÍLABAS

LEIA E PRATIQUE AS SÍLABAS.

HA	HE	HI	HO	HU	HÃO

ENCONTRE NO CAÇA-PALAVRAS AS PALAVRAS ESCRITAS NO QUADRO E, DEPOIS, COPIE-AS.

HOMEM • HOTEL • HÉLIO • HORA • HOJE

H	É	L	I	O	C	N	A	H	E	J	O
C	F	G	M	H	O	T	E	L	R	O	S
H	O	C	A	H	R	M	A	H	O	J	E
J	A	P	H	O	R	A	T	E	I	L	S
M	U	H	R	A	H	O	M	E	M	O	P

DESEMBARALHE AS LETRAS PARA DESCOBRIR O NOME DO ANIMAL E DESENHE-O.

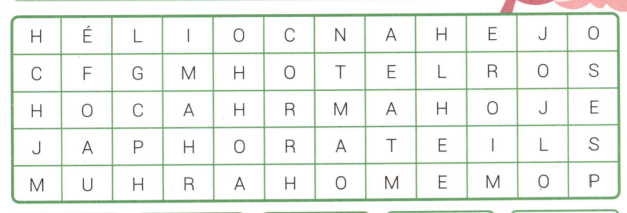

PRATIQUE:

CONSOANTE

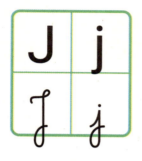

JABUTI

jabuti

LEIA A FRASE:

NO JARDIM DA FAZENDA, TEM JABUTI E JOANINHA.

PINTE DE AMARELO AS PALAVRAS QUE INICIAM COM O SOM DA CONSOANTE **J**.

REPRESENTE COM DESENHOS AS PALAVRAS QUE VOCÊ PINTOU E COPIE-AS.

PINTE NO CASCO DO JABUTI A CONSOANTE **J** NAS SUAS QUATRO FORMAS. VAMOS LÁ?

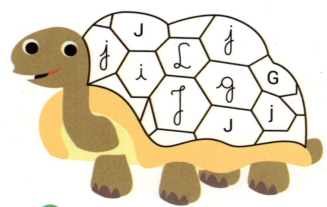

A DONA ROSA ESTÁ NA **JANELA** DESCANSANDO. LEIA AS SÍLABAS DA CONSOANTE **J** QUE TAMBÉM ESTÃO NA JANELA E ESCREVA-AS NO ☐ DE ACORDO COM A SÍLABA INICIAL DE CADA FIGURA.

PINTE AS SÍLABAS QUE FORMAM O NOME DE CADA IMAGEM E, DEPOIS, ESCREVA O NOME NO LOCAL INDICADO.

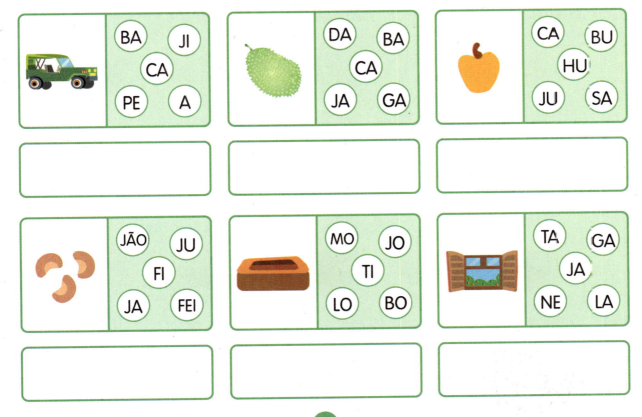

A JOANINHA QUER SUA AJUDA PARA ESTA ATIVIDADE: LEIA O NOME DE CADA FIGURA E SEPARE AS SÍLABAS NOS ▢.

VEJA O EXEMPLO:

| J | A | C | A | R | É |

| JA | CA | RÉ |

| J | A | N | E | L | A |

| C | A | J | U |

| B | O | T | I | J | Ã | O |

| J | I | P | E |

| J | U | B | A |

VAMOS LER E DESENHAR?

BEIJO　　　　JAVALI　　　　JIBOIA

PRATIQUE:

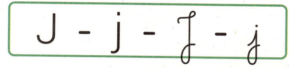
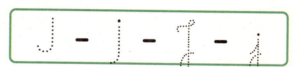

56

LETRA K - k   K - k

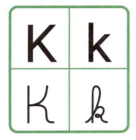

KIWI
kiwi

O AJUDANTE DA DONA ROSA FOI ATÉ A CIDADE DE **KOMBI** COMPRAR **KIWI**. ENCONTRE E CIRCULE AS PALAVRAS COM SÍLABAS DA LETRA **K**.

PRATIQUE A ESCRITA DAS PALAVRAS QUE VOCÊ CIRCULOU DE ACORDO COM A LETRA APRESENTADA:

| KARAOKÊ | ketchup | Kátia |

| KART | kimono |

57

CONSOANTE L - l ℒ - ℓ

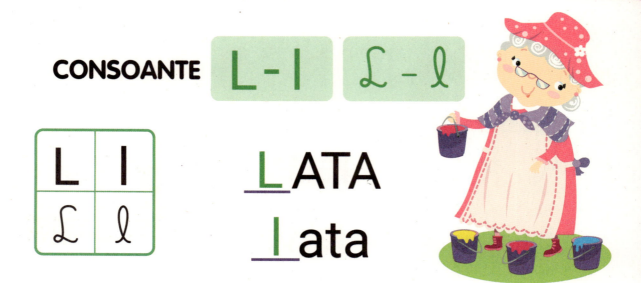

LATA
lata

A OVELHA ROSA FICOU COR-DE-ROSA PORQUE TROPEÇOU EM UMA LATA DE TINTA. PINTE DE COR-DE-ROSA TODAS AS LATAS COM A PALAVRA **LATA** NAS SUAS DIFERENTES FORMAS.

AJUDE A OVELHA ROSA NESTA ATIVIDADE: COMPLETE O NOME DAS FIGURAS COM AS SÍLABAS QUE ESTÃO FALTANDO E COPIE AS PALAVRAS.

LA - LE - LI - LO - LU - LÃO

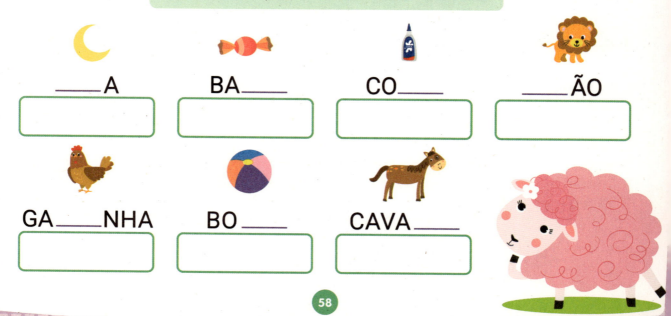

___A   BA___   CO___   ___ÃO

GA___NHA   BO___   CAVA___

VAMOS LER AS FRASES COM A DONA ROSA, COPIÁ-LAS E, DEPOIS, FAZER UM DESENHO PARA REPRESENTÁ-LAS.

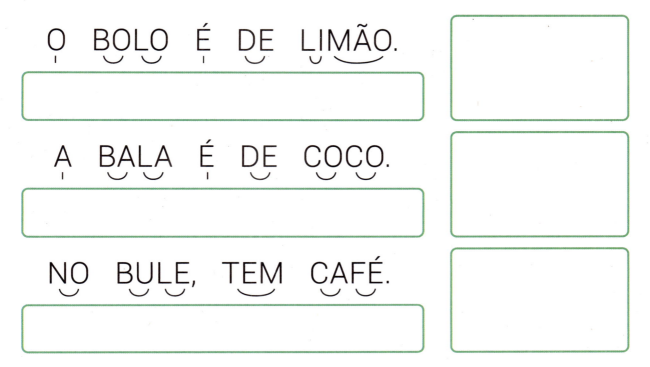

O BOLO É DE LIMÃO.

A BALA É DE COCO.

NO BULE, TEM CAFÉ.

LEIA A PALAVRA EM DESTAQUE EM VOZ ALTA E PINTE A FIGURA QUE RIMA COM ELA. EM SEGUIDA, COPIE A PALAVRA QUE RIMOU.

PANELA — LUA — JANELA

COLA — BOLA — SAPO

BOLO — ROLO — GATO

BALÃO — MELÃO — TATU

59

DESCUBRA QUAIS PALAVRAS VÃO SE FORMAR LIGANDO AS SÍLABAS.

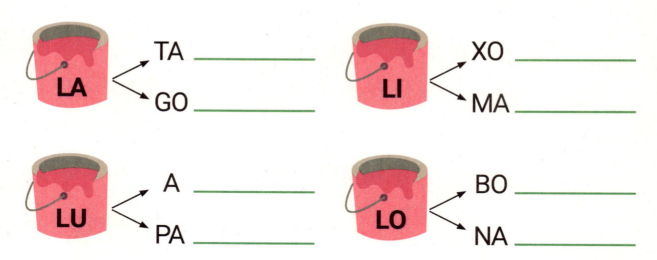

LA → TA _____ / GO _____

LI → XO _____ / MA _____

LU → A _____ / PA _____

LO → BO _____ / NA _____

LEIA A FRASE COLOCANDO O DEDO EM CADA • PARA ACOMPANHAR A LEITURA.

A   OVELHA   CAIU   NA   LATA.
•   •   •   •   •

QUANTAS PALAVRAS HÁ NA FRASE? ☐

QUAL PALAVRA NA FRASE ACIMA POSSUI SEIS LETRAS? ☐

PRATIQUE:

L - l - 𝓛 - 𝓁   L - l - 𝓛 - 𝓁

CONSOANTE

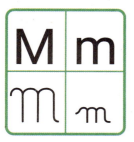
MAMÃO
mamão

VAMOS LER E CANTAR?

"NA FAZENDA, TEM MAMÃO,
TEM MELÃO E MEXERICA.
O LIMÃO É AZEDINHO,
E O MORANGO É VERMELHINHO.
(MELODIA: *TEREZINHA DE JESUS* – LETRA: KÁTIA PECAND)

CIRCULE, NA CANTIGA, AS PALAVRAS COM AS SÍLABAS DA CONSOANTE **M**. DEPOIS, COPIE-AS ABAIXO.

A OVELHA ROSA QUER SABER QUAL SUA FRUTA PREFERIDA. DESENHE E ESCREVA.

61

COMPLETE O NOME DAS FRUTAS QUE APARECERAM NA CANTIGA COM AS SÍLABAS:

MA - ME - MI - MO - MU - MÃO

MA_____   _____LÃO   _____XERICA

_____RANGO   LI_____

ENCONTRE E PINTE NA CENA ABAIXO CINCO OBJETOS CUJO NOME COMEÇA COM A CONSOANTE **M**. DEPOIS, ESCREVA O NOME DELES.

A DONA ROSA É APAIXONADA POR ANIMAIS. HÁ UM ANIMAL QUE ELA GOSTARIA DE TER NA FAZENDA, MAS O *HABITAT* DELE NÃO É O CAMPO. ESCREVA NO ▢ A SÍLABA INDICADA DE CADA FIGURA. DEPOIS, COPIE O NOME NO QUADRO PARA DESCOBRIR QUAL É O ANIMAL.

TROQUE O DESENHO PELA SÍLABA E VEJA A PALAVRA QUE SURGIRÁ.

Li + 🖐 = ▭   **Ma** + 🖐 = ▭

PRATIQUE A ESCRITA DA CONSOANTE **M**.

CONSOANTE **N - n**

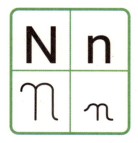

NINHO
ninho

LEIA E REPRESENTE O POEMA COM DESENHOS.

NO NINHO DE UMA ÁRVORE,
UM PASSARINHO ACABOU DE NASCER,
PEQUENINO COMO UM BEBÊ,
PIANDO ALTO, QUERENDO COMER.

CIRCULE, NO POEMA, TODAS AS PALAVRAS QUE POSSUEM A CONSOANTE **N**.

PINTE OS DESENHOS QUE COMEÇAM COM O SOM DAS SÍLABAS DA CONSOANTE **N**.

NA - NE - NI - NO - NU - NÃO

A OVELHA ROSA E O CABRITO JOSÉ ESTÃO INDO COM A DONA ROSA FAZER COMPRAS NA CIDADE. COMPLETE AS PALAVRAS COM AS SÍLABAS QUE ESTÃO FALTANDO E COPIE-AS PARA DESCOBRIR QUAIS ITENS A DONA ROSA COMPROU.

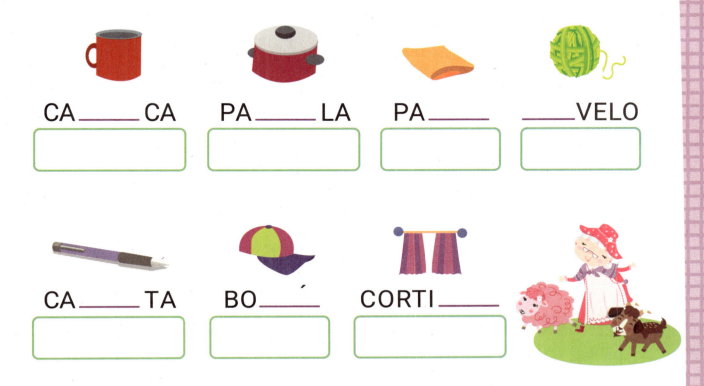

A DONA ROSA ADORA TRICOTAR COM SEUS NOVELOS. FORME AS PALAVRAS, JUNTANDO AS SÍLABAS, DE ACORDO COM OS NÚMEROS.

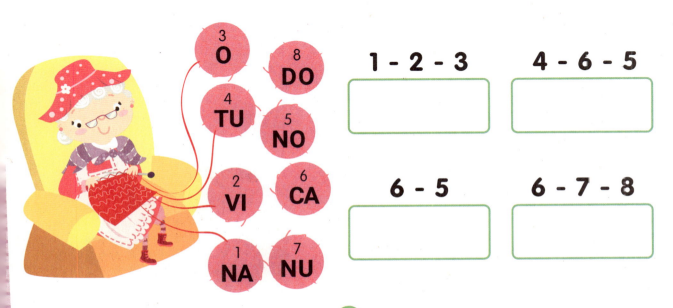

LEIA AS FRASES E COMPLETE CADA UMA DE ACORDO COM A FIGURA.

A GALINHA TEM _____ .

O ESQUILO GOSTA DE COMER _____ .

PRATIQUE:

N - n - N - n

N - n - N - n

CONTE QUANTAS NUVENS O CABRITO JOSÉ ESTÁ VENDO NO CÉU E CIRCULE O NOME DO NÚMERO.

NAVE   NOVA

NOVE   NOVO

CONSOANTE

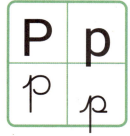

P ATO

p ato

A OVELHA ROSA FICA ENCANTADA QUANDO VÊ OS PATOS BRINCANDO NA LAGOA. AJUDE-A A ENCONTRAR O PATO QUE TEM SOMENTE A CONSOANTE **P** E PINTE-O DE AMARELO.

VAMOS LER E ESCREVER AS SÍLABAS DA CONSOANTE **P**?

A DONA ROSA ESTÁ ESCREVENDO O NOME DE ALGUNS ANIMAIS DA FAZENDA QUE COMEÇA COM AS SÍLABAS DA CONSOANTE **P**. LEIA CADA NOME QUE ELA ANOTOU E ESCREVA-O NO QUADRO CORRESPONDENTE.

PAPAGAIO	PEIXE	PATO
PÔNEI	PORCO	~~PERU~~

PERU

HÁ UM ANIMAL NA FAZENDA QUE É MUITO FALADOR. ELE REPETE TUDO O QUE A DONA ROSA FALA. ADIVINHE QUE ANIMAL É COLOCANDO A LETRA INICIAL DAS FIGURAS NOS ☐.

ESCREVA:

A DONA ROSA ESTÁ ORGANIZANDO ALGUNS ALIMENTOS NOS ARMÁRIOS E NA GELADEIRA DA COZINHA. ESCREVA OS NOMES NA CRUZADINHA, COMPLETANDO AS LETRAS QUE ESTÃO FALTANDO.

DICA: FALE O NOME DAS FIGURAS EM VOZ ALTA E FIQUE ATENTO AO SOM DAS SÍLABAS.

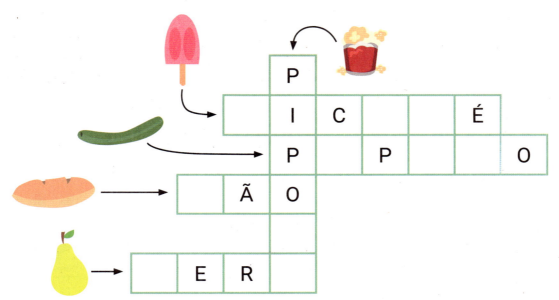

ESCREVA AS PALAVRAS DA CRUZADINHA.

PRATIQUE A ESCRITA DA CONSOANTE **P**.

P - p - P - p   P - p - P - p

CONSOANTE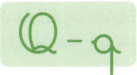

<u>Q</u>UEIJO
<u>q</u>ueijo

VAMOS LER?

O CABRITO JOSÉ ACOMPANHOU A DONA ROSA ATÉ A QUITANDA. ELA PRECISAVA COMPRAR QUIABO E CAQUI.
ADIVINHE QUEM ELES ENCONTRARAM NO CAMINHO? O ESQUILO E O QUATI.

CIRCULE COM O LÁPIS DE COR VERMELHO TODAS AS PALAVRAS COM A CONSOANTE **Q** ACIMA E COPIE-AS.

IMPORTANTE SABER:
PARA FORMAR AS SÍLABAS DA CONSOANTE **Q**, USAREMOS AS LETRAS **QU**.

LEIA AS SÍLABAS QUE O QUATI ESTÁ MOSTRANDO E COMPLETE AS PALAVRAS. EM SEGUIDA, SEPARE AS SÍLABAS.

ATENÇÃO!
PERCEBA QUE O **QU** AO LADO DAS VOGAIS **E - I** PRODUZ UM SOM DIFERENTE DE QUANDO ESTÁ AO LADO DAS VOGAIS **A – O**.

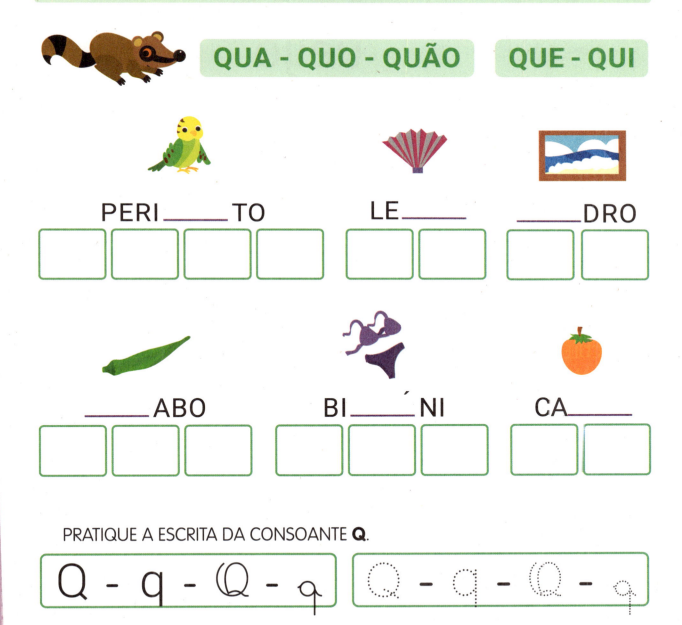

PRATIQUE A ESCRITA DA CONSOANTE **Q**.

O ESQUILO QUER SABER SE VOCÊ ESTÁ CRAQUE NA LEITURA E NA ESCRITA DAS PALAVRAS. LEIA E ESCREVA AS PALAVRAS DE ACORDO COM SUA CATEGORIA.

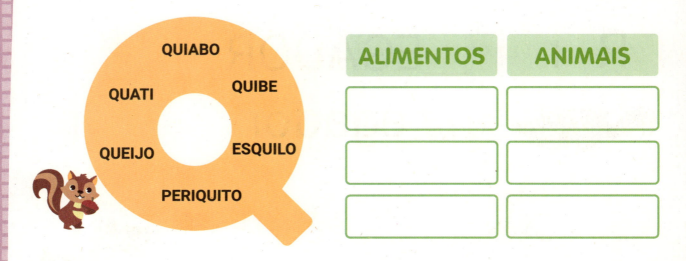

A DONA ROSA COMPROU UM AQUÁRIO PARA COLOCAR NA SALA. A OVELHA ROSA ESTÁ ENCANTADA COM O NOVO PEIXINHO. USE A CRIATIVIDADE E CRIE OUTRAS PALAVRAS A PARTIR DA PALAVRA **AQUÁRIO**.

CONSOANTE R-r R-r

R	r
R	r

REGADOR
regador

 O JARDIM DA FAZENDA SANTA ROSA É MUITO BEM CUIDADO E REGADO DIARIAMENTE. PINTE APENAS AS FLORES QUE POSSUEM AS SÍLABAS DA CONSOANTE **R**.

(RU) (RA) (BA) (RÃO) (RI) (BU) (RO) (RE)

AGORA, ESCREVA AS SÍLABAS QUE VOCÊ PINTOU NOS ◯. EM SEGUIDA, LIGUE-AS À FORMA MINÚSCULA.

• ra   • re   • ri   • ro   • ru   • rão

73

LEIA E COMPLETE AS FRASES COM A PALAVRA **ROSA**. DEPOIS, COPIE-AS.

ESTA É A DONA _____.

[   ]

ESTA É A OVELHA _____.

[   ]

ESTA FLOR SE CHAMA _____.

[   ]

A OVELHA ROSA TEM UM DESAFIO PARA VOCÊ: SUBSTITUA A PRIMEIRA LETRA DE CADA FIGURA PELA LETRA **R** E VEJA A PALAVRA QUE APARECERÁ. NÃO SE ESQUEÇA DE REPRESENTAR COM DESENHOS.

GATO   vira   __**ATO**   [   ]

LUA   vira   __**UA**   [   ]

CABO   vira   __**ABO**   [   ]

LEIA AS FRASES E COMPLETE-AS DE ACORDO COM A FIGURA INDICADA.

O COMEU O QUEIJO.

VOU LIGAR O  .

O ESTÁ PARADO.

LEIA AS PALAVRAS E REPRESENTE CADA UMA COM UM DESENHO.

| RODO | rio | ROBÔ | rua |

PRATIQUE:

R - r - R - r   R - r - R - r

CONSOANTE S-s

_S_APO
_s_apo

O SAPO É MUITO ESPERTO E, PARA CHEGAR ATÉ O OUTRO LADO DA LAGOA, ELE VAI PULANDO NAS PEDRAS DAS SÍLABAS DA CONSOANTE **S**. VOCÊ SABE QUAIS SÃO? VAMOS PINTÁ-LAS?

 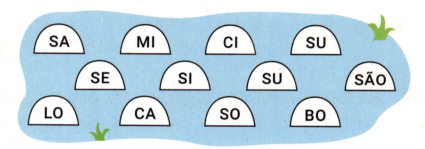 

ESCREVA AS SÍLABAS QUE VOCÊ PINTOU.

JUNTE AS SÍLABAS E FORME PALAVRAS.

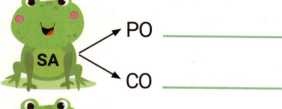
SA → PO _____
SA → CO _____

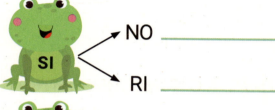
SI → NO _____
SI → RI _____

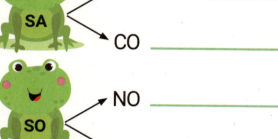
SO → NO _____
SO → CO _____

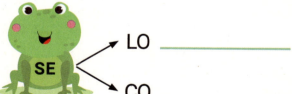
SE → LO _____
SE → CO _____

76

LEIA A FRASE E COPIE AS PALAVRAS NOS ⬚.

O   SAPO   É   MUITO   SAPECA.

QUANTAS PALAVRAS A FRASE ACIMA POSSUI?

NA FAZENDA, HÁ UM SABIÁ MUITO BONITO. DONA ROSA É APAIXONADA POR ELE. VEJA A PALAVRA **SABIÁ** E CIRCULE A PRIMEIRA SÍLABA:

SABIÁ

AGORA, PINTE OS DESENHOS ABAIXO CUJO NOME COMEÇA COM C SOM DA SÍLABA **SA**.

SA

ESCREVA O NOME DOS DESENHOS QUE VOCÊ PINTOU.

A DONA ROSA ESTÁ SENTADA NO SOFÁ, PENSANDO NO QUE IRÁ COMER. COMPLETE AS PALAVRAS COM AS SÍLABAS DA CONSOANTE **S** QUE ESTÃO FALTANDO PARA COMPLETAR O NOME DOS ALIMENTOS.

		L	A	D	A
		P	A		
		L	A	M	E

TROQUE A PRIMEIRA LETRA DE CADA PALAVRA PELA CONSOANTE **S** E VEJA QUAL PALAVRA SURGIRÁ.

| MALA | COLA | RUA |
| ___ALA | ___OLA | ___UA |

PRATIQUE:

S - S - 𝒮 - 𝓈

S - S - 𝒮 - 𝓈

78

CONSOANTE T-t 𝒯-𝓉

T	t
𝒯	𝓉

<u>T</u>OURO
<u>t</u>ouro

O **TOURO** DA FAZENDA SANTA ROSA É GRANDE E FORTE. A PALAVRA TOURO COMEÇA COM A CONSOANTE **T**. VEJA OUTROS ANIMAIS DA FAZENDA CUJO NOME COMEÇA COM AS SÍLABAS DESSA CONSOANTE E LIGUE CORRETAMENTE.

TA - TE - TI - TO - TU - TÃO

tamanduá · TARTARUGA · tatu · tucano

LEIA A FRASE E DESCUBRA O QUE O TUCANO DA FAZENDA GOSTA DE COMER. DEPOIS, COPIE A FRASE COM ATENÇÃO.

O   TUCANO   COME   TOMATE.

O TATU E O TAMANDUÁ QUEREM SABER SE VOCÊ CONSEGUE ENCONTRAR E PINTAR AS SÍLABAS QUE FORMAM O NOME DAS FIGURAS E, DEPOIS, ESCREVER A PALAVRA.

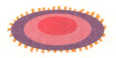

| AS | TA | LU | TE | PE | CA |

| LI | GA | SO | TI | TO | FA |

| TI | BO | JO | GI | A | LO |

| NA | A | PI | JA | TO | LE |

| RA | BA | LU | FI | TO | O |

A OVELHA ROSA LEU A PALAVRA E FEZ O DESENHO DE UM SABONETE. AGORA É COM VOCÊ! VAMOS LÁ?

SABONETE

PETECA

TUBARÃO

TOMADA

TEIA

LATA

80

HOJE FOI DIA DE COLHEITA NO POMAR E NA HORTA DA FAZENDA. O AJUDANTE DA DONA ROSA VOLTOU COM A CESTA CHEIA. COMPLETE AS PALAVRAS COM AS SÍLABAS DA CONSOANTE **T** E DESCUBRA O QUE ELE COLHEU.

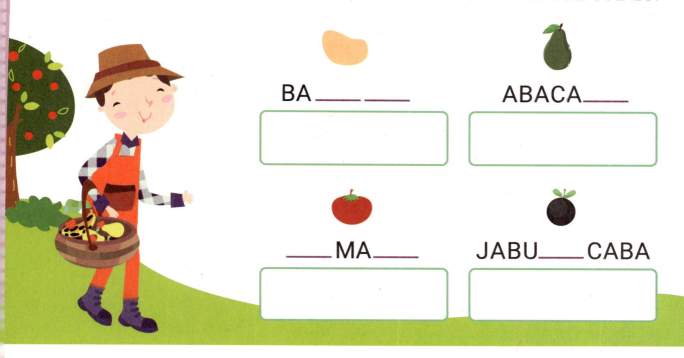

BA____ ____

ABACA____

____MA____

JABU____CABA

VAMOS PRATICAR?

T - t - T - t

T - t - T - t

COMPLETE OS ☐ COM AS LETRAS QUE FALTAM PARA DESCOBRIR O NOME DESTE ANIMAL.

 J ☐ ☐ ☐ ☐ i

81

CONSOANTE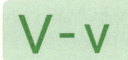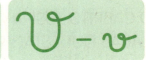

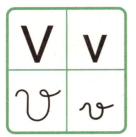

_VACA

_vaca

A VACA DA FAZENDA ESTÁ FAZENDO COMPANHIA PARA DONA ROSA ENQUANTO ELA PLANTA SEMENTES NOS VASOS. PINTE OS VASOS QUE POSSUEM PALAVRAS COM AS SÍLABAS DA CONSOANTE **V**.

PINTE OS DESENHOS INICIADOS PELA SÍLABA EM DESTAQUE.

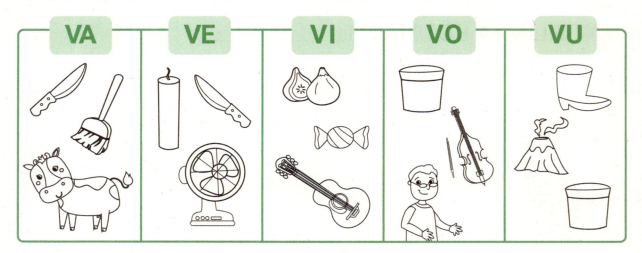

AJUDE O CABRITO JOSÉ A COMPLETAR O NOME DAS FIGURAS COM AS SÍLABAS QUE ESTÃO FALTANDO. DEPOIS, COPIE AS PALAVRAS.

VA - VE - VI - VO - VU - VÃO

U____   ____OLÃO   TELE____SÃO   ____LA

CA____LO   LU____   GA____TA   NA____O

DONA ROSA QUER SABER QUAL É A PALAVRA CORRETA QUE FORMARÁ A FRASE. VAMOS AJUDÁ-LA?

OVO - UVA

A GALINHA BOTOU UM _____.

VACA - CAVALO

O _____ ESTÁ TROTANDO.

NOVELO - CABELO

DONA ROSA TEM UM _____ DE LÃ.

CIRCULE COM AS MESMAS CORES AS PALAVRAS IGUAIS QUE O CAVALO ESTÁ MOSTRANDO.

VACA	*violeta*	GAVETA
gaveta	vela	*uva*
VIOLETA	VELA	uva	vaca

VAMOS PRATICAR?

V - V - *V* - *v*

V - V - *V* - *v*

A DONA ROSA ESTÁ PREPARANDO UM BOLO, MAS ALGUNS OBJETOS NÃO FAZEM PARTE DA COZINHA. ENCONTRE, CIRCULE E ESCREVA O NOME DELES.

CONSOANTE W - w

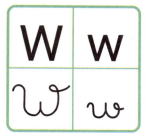

WAFER

wafer

O **W** TEM O SOM DE **U** EM ALGUMAS PALAVRAS E, EM OUTRAS, FAZ O SOM DE **V**.

VAMOS LER?

A OVELHA ROSA E A DONA ROSA ESTÃO FELIZES COM A VISITA QUE SEU TOMÉ FARÁ A ELAS. DONA ROSA O CONVIDOU PELO **WALKIE-TALKIE**, JÁ QUE ELE MORA NA FAZENDA VIZINHA. ELA PREPAROU BISCOITOS **WAFER** PARA RECEBÊ-LO.

CIRCULE NO TEXTO AS PALAVRAS COM A LETRA **W** E COPIE-AS.

ESCREVA DOIS NOMES DE PESSOAS COM A LETRA **W**.

PRATIQUE A ESCRITA DA CONSOANTE **W**.

W - w - 𝒲 - 𝓌

CONSOANTE X - x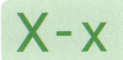

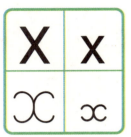   XALE
                      xale

VAMOS LER?

TODA MANHÃ, DONA ROSA ADORA TOMAR CAFÉ NA SUA XÍCARA DE PORCELANA. LOGO EM SEGUIDA, VESTE SEU XALE E SENTA NA VARANDA PARA COMER ABACAXI, QUE É SUA FRUTA PREFERIDA.

PINTE DE AMARELO AS PALAVRAS QUE POSSUEM A CONSOANTE **X** E COPIE-AS ABAIXO.

CIRCULE, NA XÍCARA DA DONA ROSA, AS SÍLABAS DA CONSOANTE **X** E COPIE-AS NOS ☐.

CA   XE
XÃO   ZI   XO
ZO   XA
XU   LU
XI

86

NO LAGO DA FAZENDA, MUITOS PEIXES NADAM E SE DIVERTEM! DESCUBRA QUAL PALAVRA APARECERÁ EM CADA QUADRO ORDENANDO AS SÍLABAS NOS PEIXINHOS.

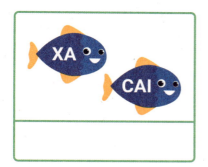
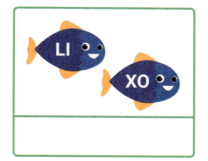
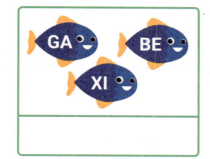
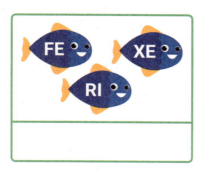

LEIA AS PALAVRAS E ESCREVA-AS NAS CAIXAS DE ACORDO COM O NÚMERO DE SÍLABAS.

ABACAXI
LIXO
XAROPE
COXA
XÍCARA
PEIXARIA

2 SÍLABAS
3 SÍLABAS
4 SÍLABAS

87

DONA ROSA COMPROU VÁRIAS BEXIGAS COLORIDAS PARA ENFEITAR A FAZENDA. SIGA A NUMERAÇÃO DAS BEXIGAS E FORME AS PALAVRAS.

DESEMBARALHE AS LETRAS E DESCUBRA UMA FRUTA QUE A DONA ROSA ADORA COMER.

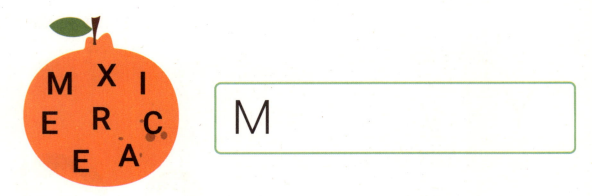

PRATIQUE:

CONSOANTE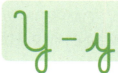

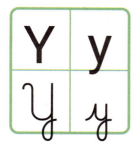

_Y_AKISOBA

_y_akisoba

A LETRA **Y** PRODUZ O SOM DE **I**.

A DONA ROSA ADORA PREPARAR **YAKISOBA**. QUANDO AS CRIANÇAS DA FAZENDA VIZINHA VÊM VISITÁ-LA, ELA PREPARA ESSE PRATO COM MUITO CARINHO PARA ELAS. VEJA O NOME DE ALGUMAS DESSAS CRIANÇAS E COPIE-O.

YAN	YAGO	KELLY	YARA

VAMOS PRATICAR?

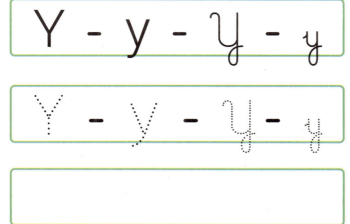

89

CONSOANTE Z - z

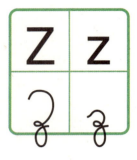

ZEBU

zebu

ZEBU É UMA ESPÉCIE DE GADO QUE VIVE NA FAZENDA DA DONA ROSA. A PALAVRA **ZEBU** INICIA COM A CONSOANTE **Z**. CIRCULE ABAIXO DOIS ANIMAIS QUE TAMBÉM POSSUEM O SOM DA CONSOANTE **Z** EM SEU NOME.

 LEIA AS PALAVRAS QUE A OVELHA ROSA ESTÁ MOSTRANDO E SEPARE-AS NOS QUADROS DE ACORDO COM A SÍLABA.

AZEDO - COZIDO - NATUREZA - ZOOLÓGICO - ZUNIDO

ZA	ZE	ZI

ZO	ZU

90

SEU TOMÉ NÃO ESTÁ ENTENDENDO AS FRASES QUE A DONA ROSA ESCREVEU. AJUDE-O, ORDENANDO AS PALAVRAS DE ACORDO COM A SEQUÊNCIA NUMÉRICA CORRETA E COPIE AS FRASES NA ORDEM ADEQUADA.

4 BONITA. 1 A 2 NATUREZA 3 É

1 O 4 COZIDO. 2 OVO 3 ESTÁ

4 NA 5 SALADA. 2 COMI 1 EU 3 AZEITONA

AGORA, VOCÊ DEVERÁ COMPLETAR AS FRASES COM AS PALAVRAS DO QUADRO.

BATIZADO - AZEDO - BUZINA - BELEZA

O CARRO TOCOU A _____ .

O BEBÊ FOI _____ .

O DOCE ESTÁ _____ .

A NATUREZA É UMA _____ .

PRATIQUE:

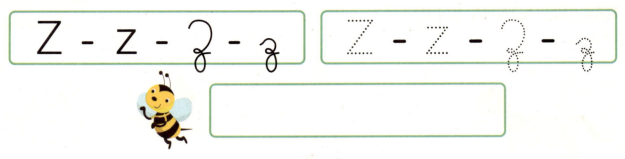

OBSERVE AS FIGURAS E LIGUE-AS AO NOME CORRESPONDENTE.

zíper   zebra   zoológico

OBSERVE CADA FIGURA, CIRCULE O NOME CORRESPONDENTE E COPIE-O ABAIXO.

A OVELHA ROSA ESTÁ CURIOSA PARA VER VOCÊ COMPLETANDO ESTA CRUZADINHA. VAMOS LÁ?

VIVER NA FAZENDA SANTA ROSA É SEMPRE UMA ALEGRIA! OS ANIMAIS SE JUNTARAM PARA BRINCAR DE AMARELINHA DAS SÍLABAS. VEJA AS PALAVRAS QUE ELES CONSEGUIRAM FORMAR NESSA BRINCADEIRA, JUNTANDO OS NÚMEROS.

AGORA É COM VOCÊ! FORME SEIS PALAVRAS COM AS SÍLABAS DA AMARELINHA ABAIXO.

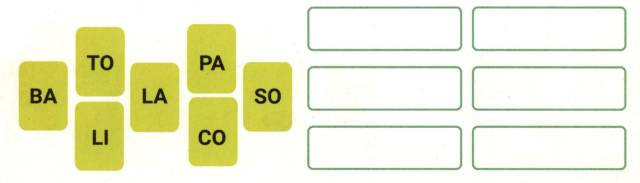

94

SILABÁRIO

ESTE SILABÁRIO VAI AJUDAR VOCÊ A LEMBRAR DAS CONSOANTES E SUAS SÍLABAS!

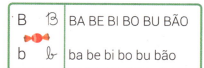  

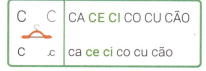  

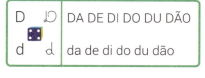  

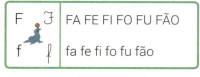 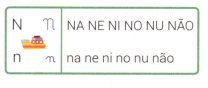 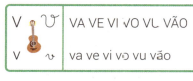

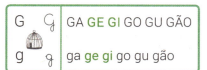  

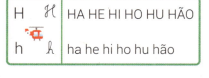 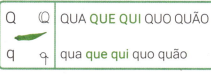

PARABÉNS!

VOCÊ CONCLUIU SEU LIVRO *APRENDA A ESCREVER COM A OVELHA ROSA NA ESCOLA*!

AGORA QUE VOCÊ CONHECEU O MUNDO ENCANTADO DA LEITURA E DA ESCRITA, MUITAS AVENTURAS VÊM PELA FRENTE COM A OVELHA ROSA E SEUS AMIGOS!

ATÉ BREVE!